AF509882

Relevé des Pièces [...] originaux [...]
et coloriés appartenant à l'illustration du
Dictionnaire [...] de Botanique de
J. C. Chaillou [?]

1. 850. Recueil de 56 dessins [...]
à [...]

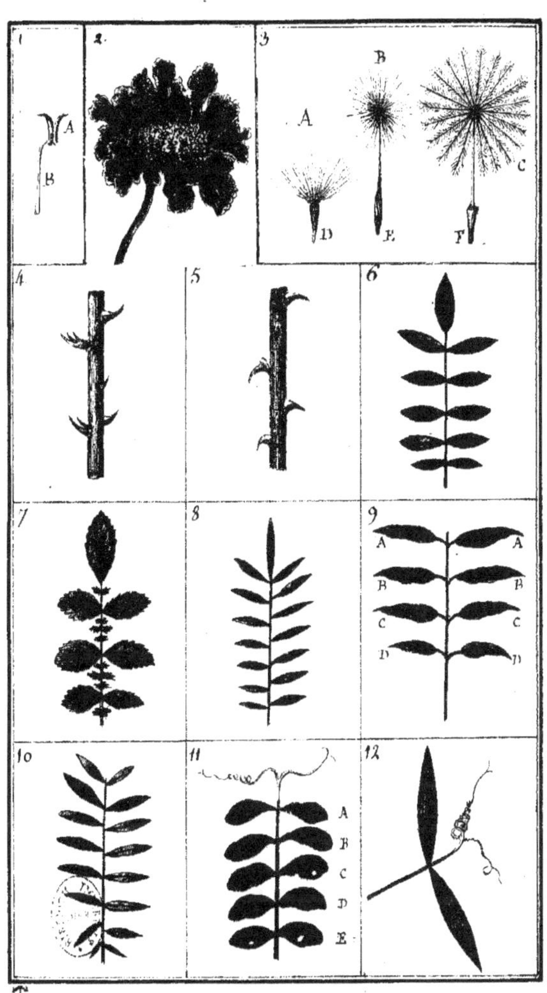

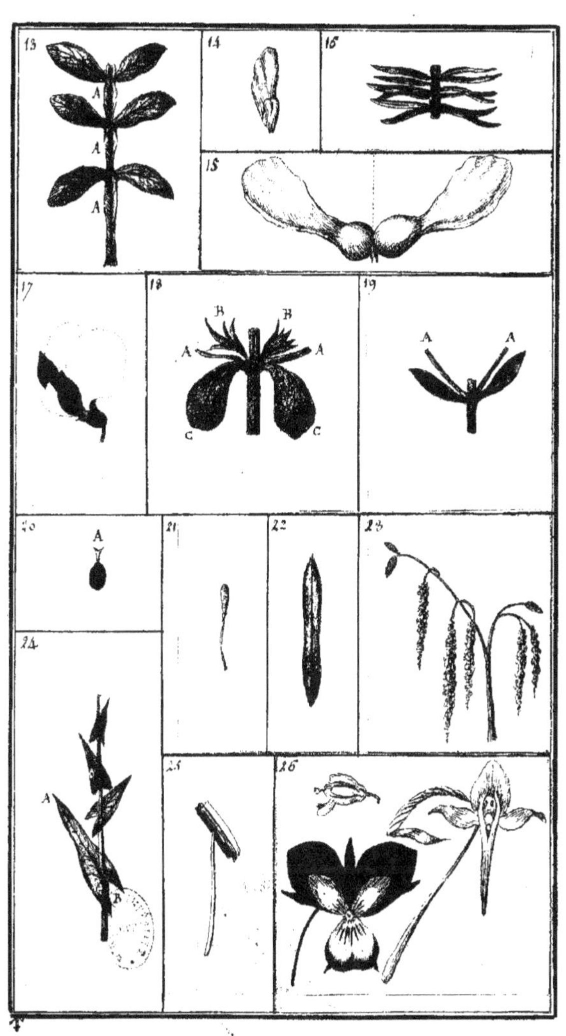

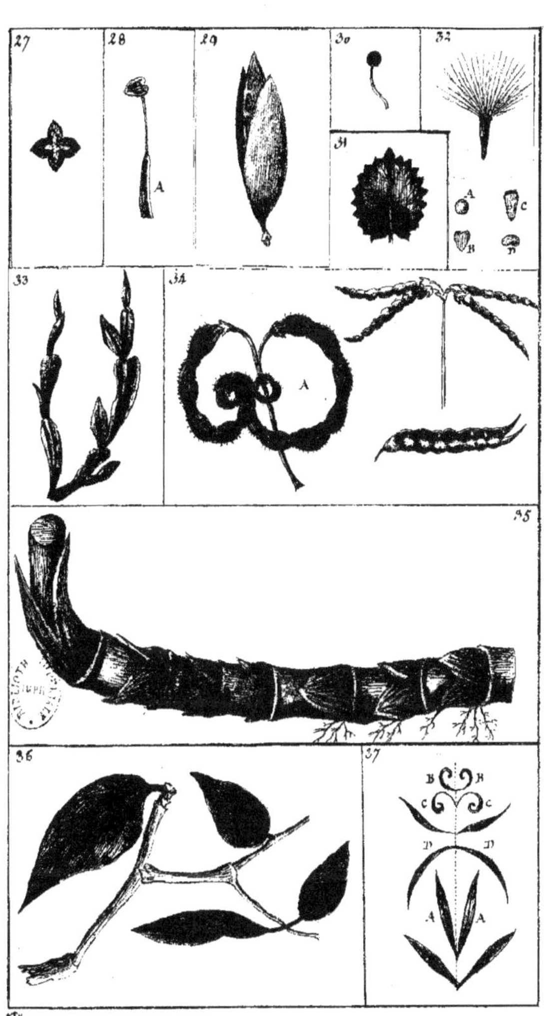

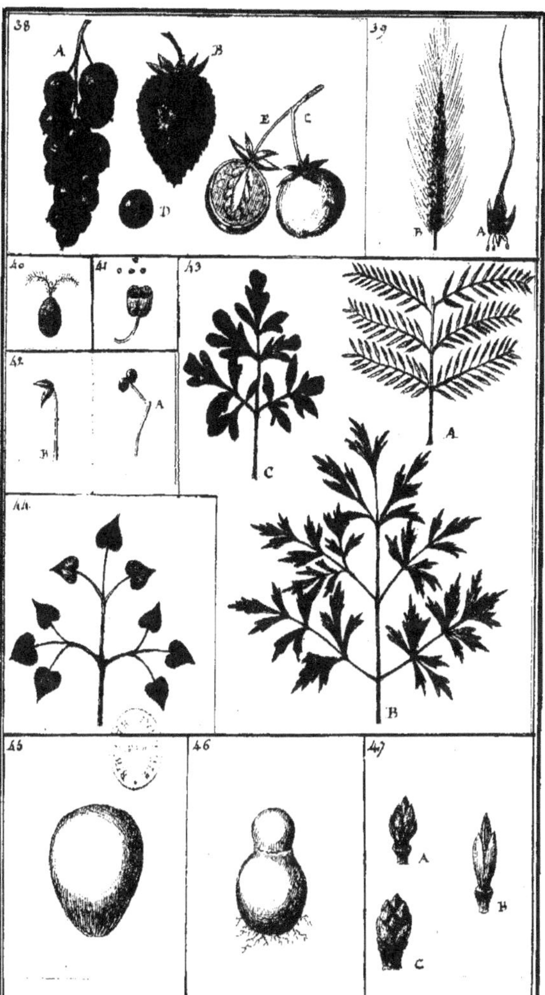

2°. les 2 figures cy =
= contre ne doivent
point être séparées.

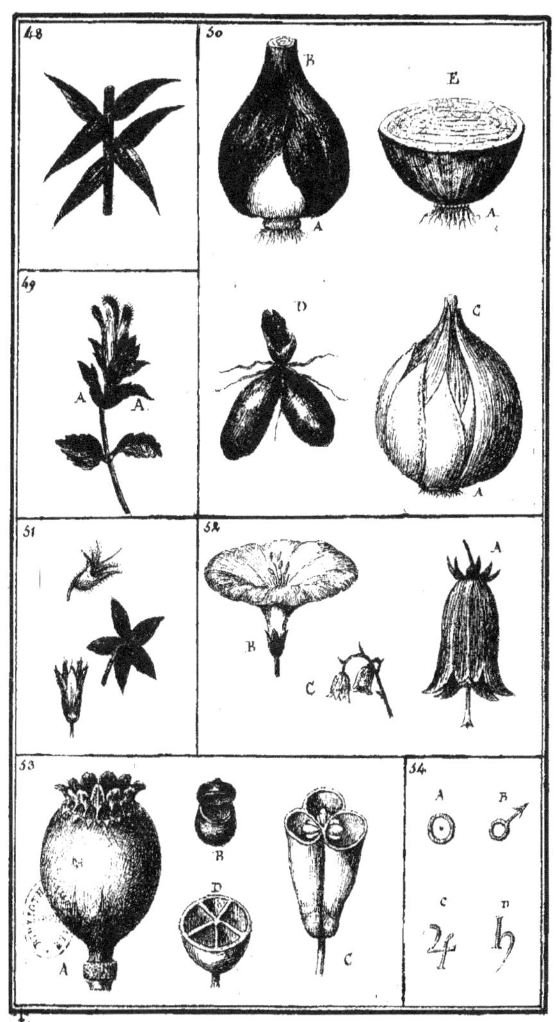

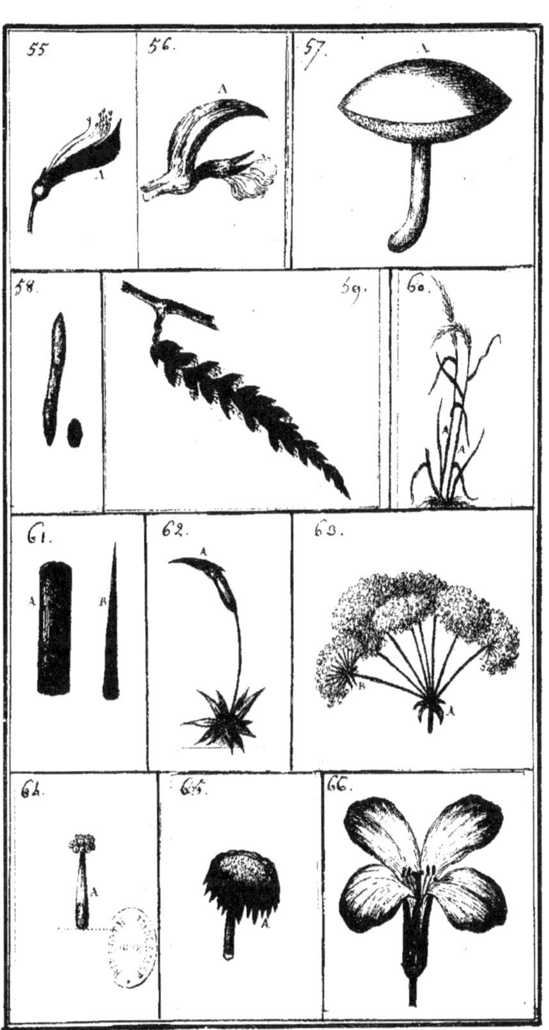

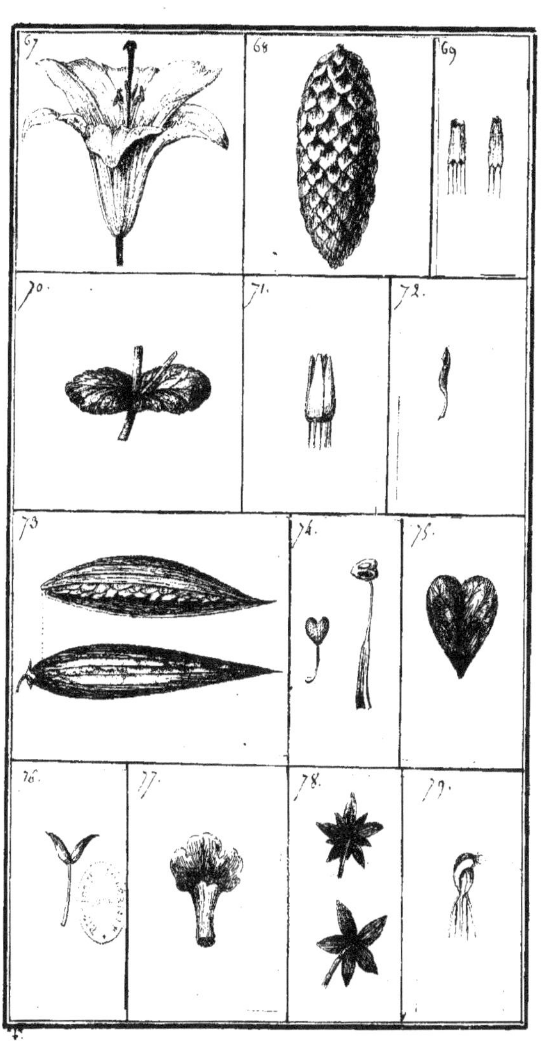

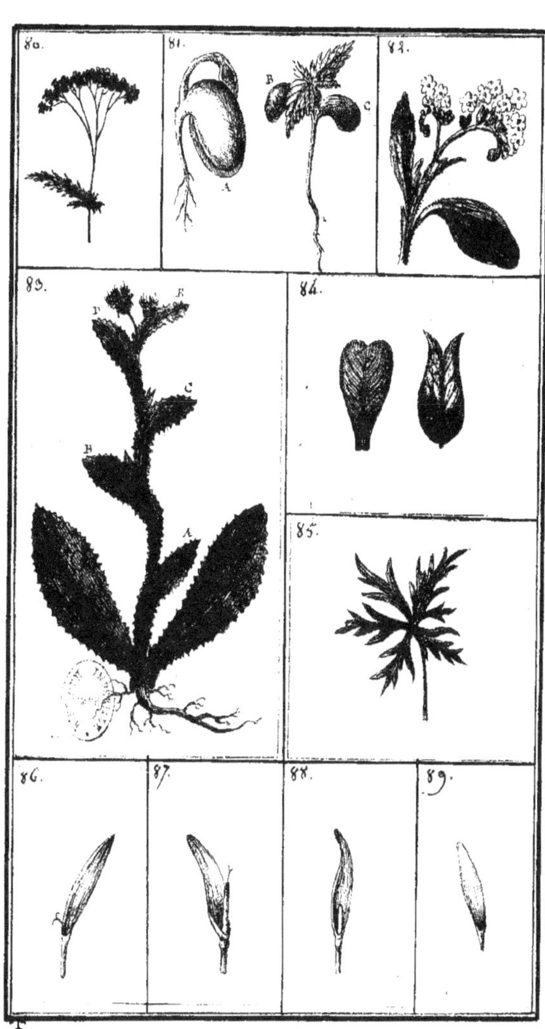

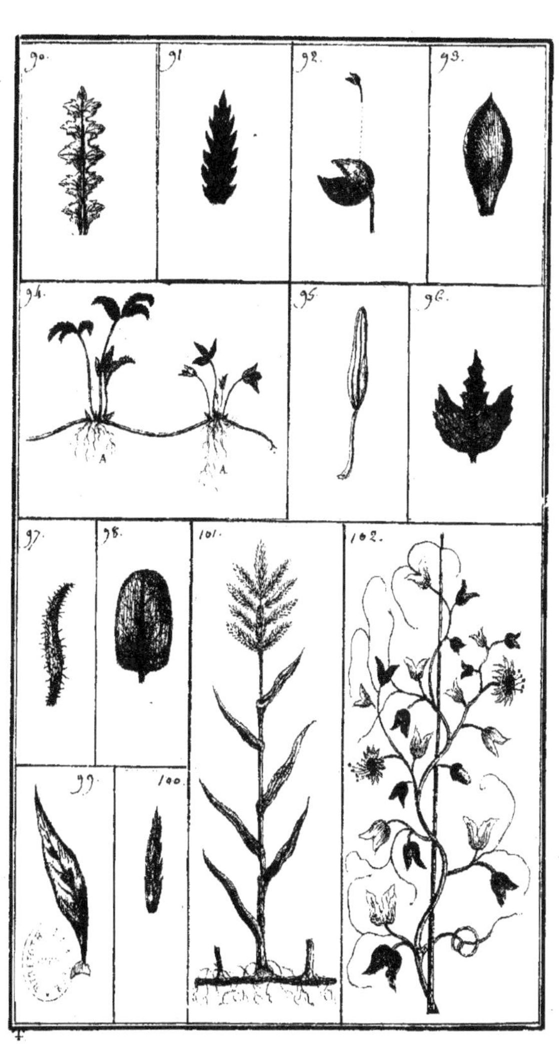

90.
91.
92.
93.
94.
95.
96.
97.
98.
99.
100.
101.
102.

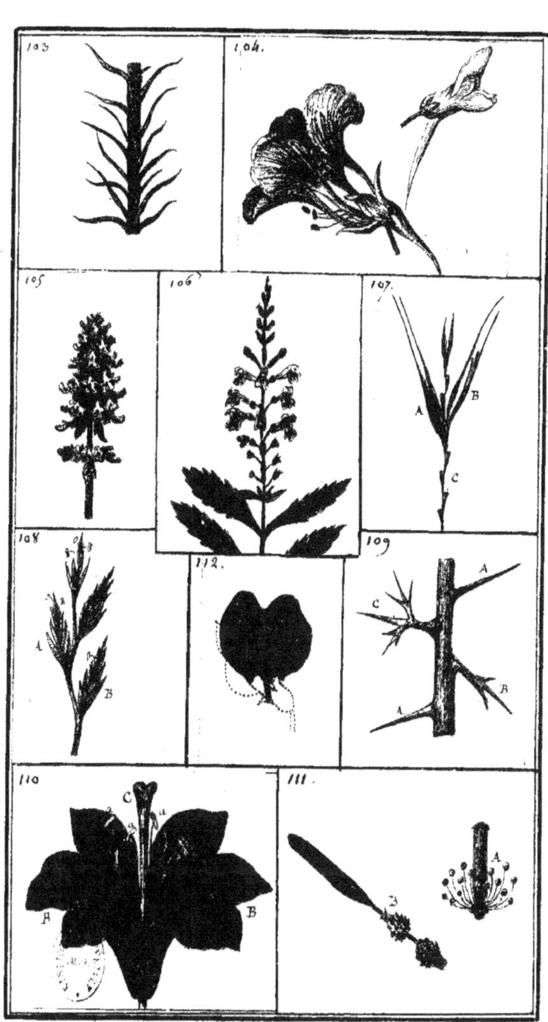

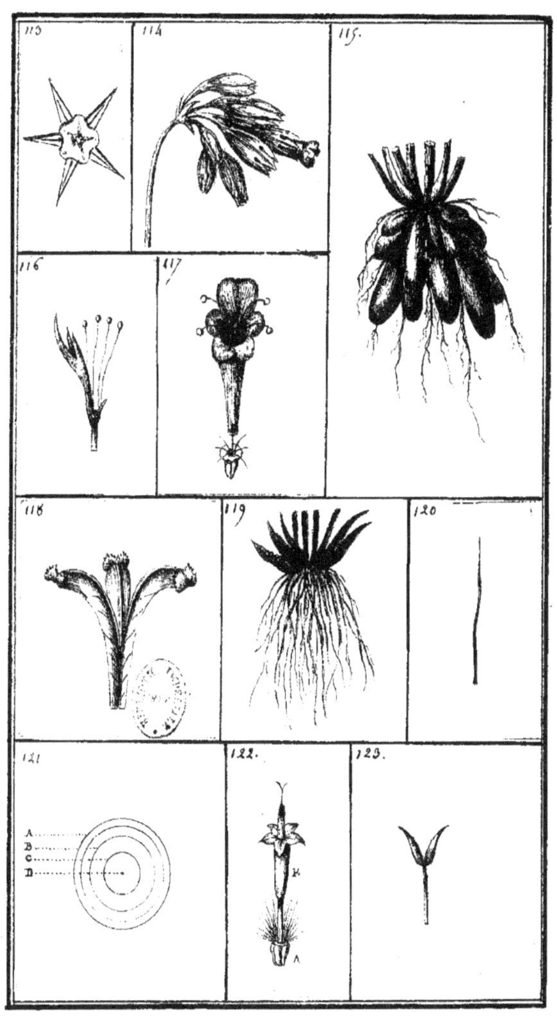

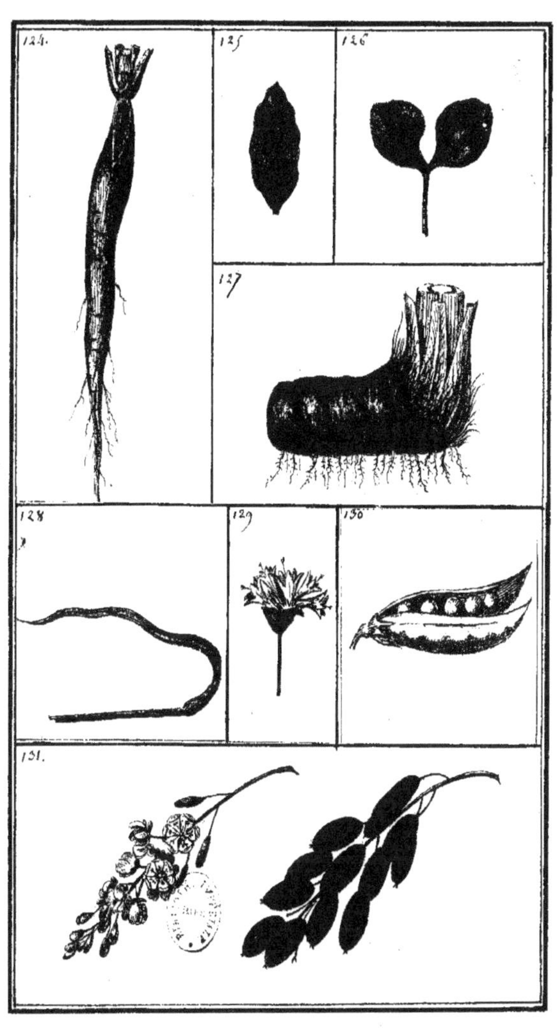

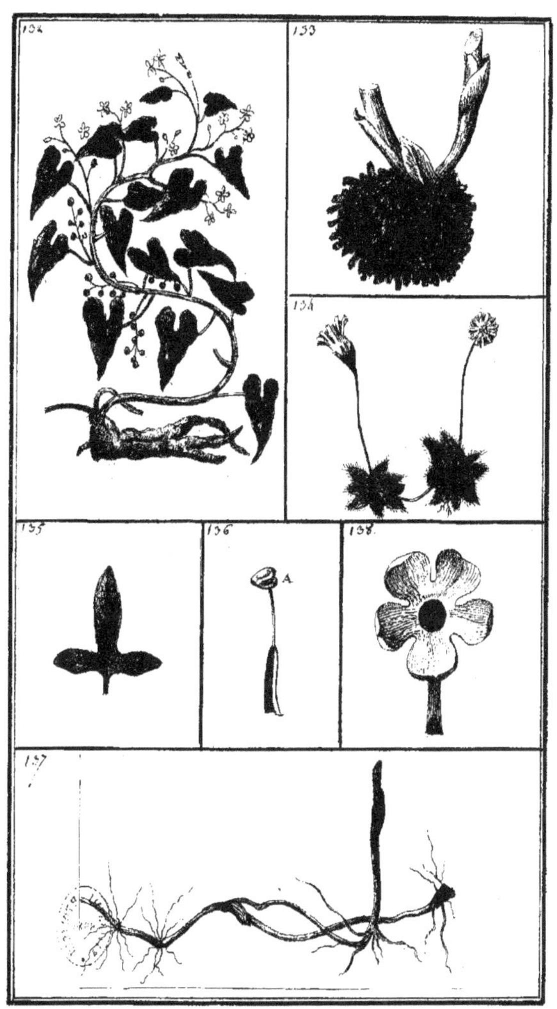

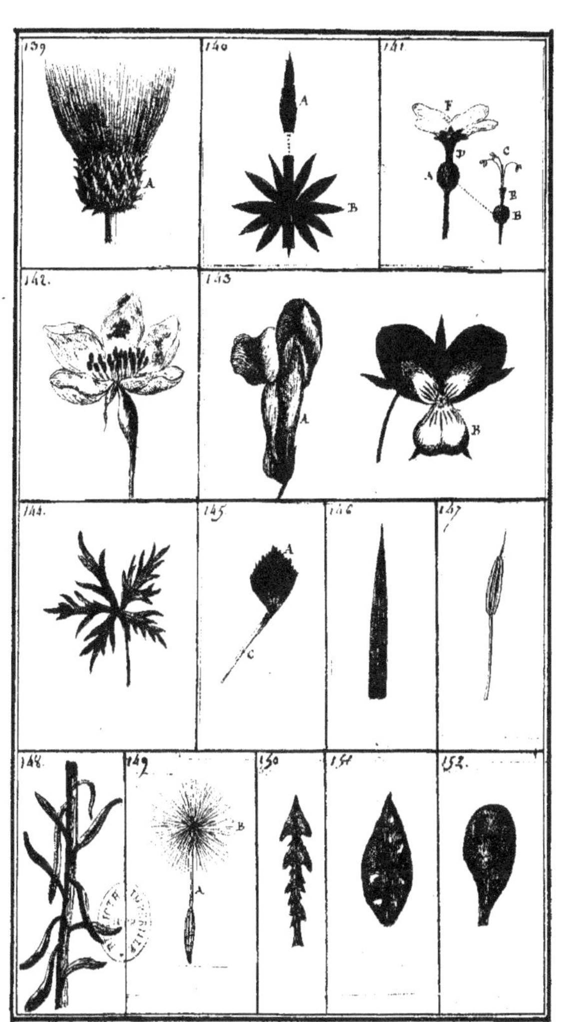

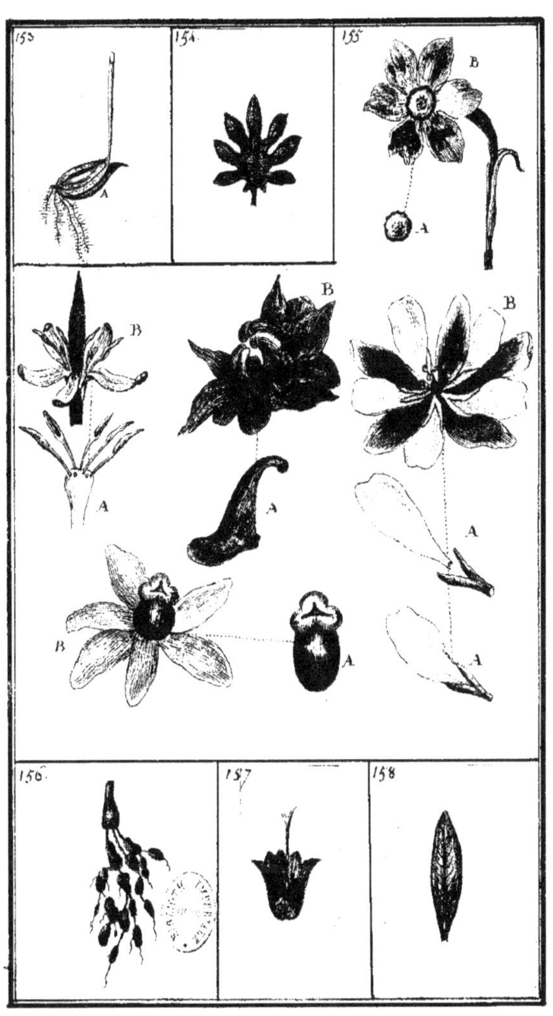

153
154
155
156
157
158

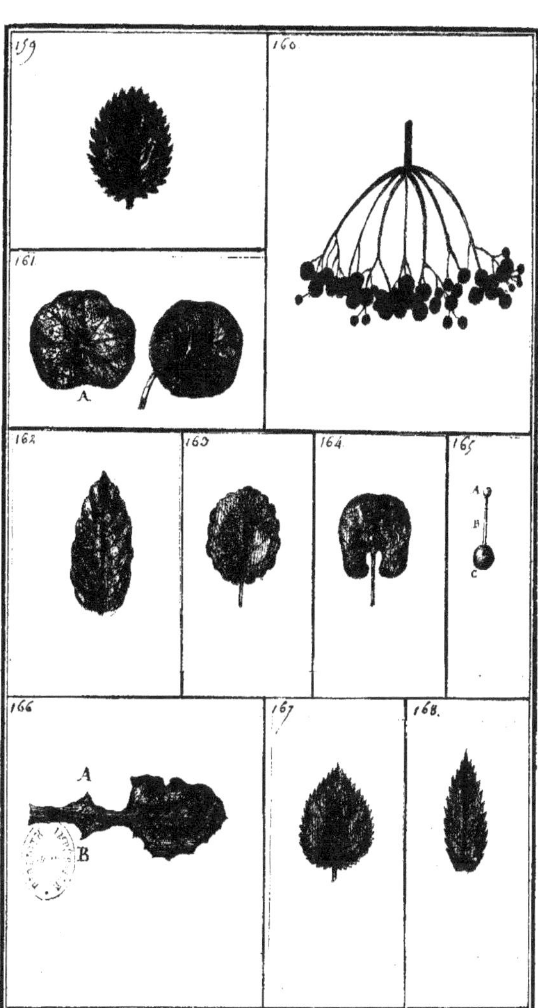

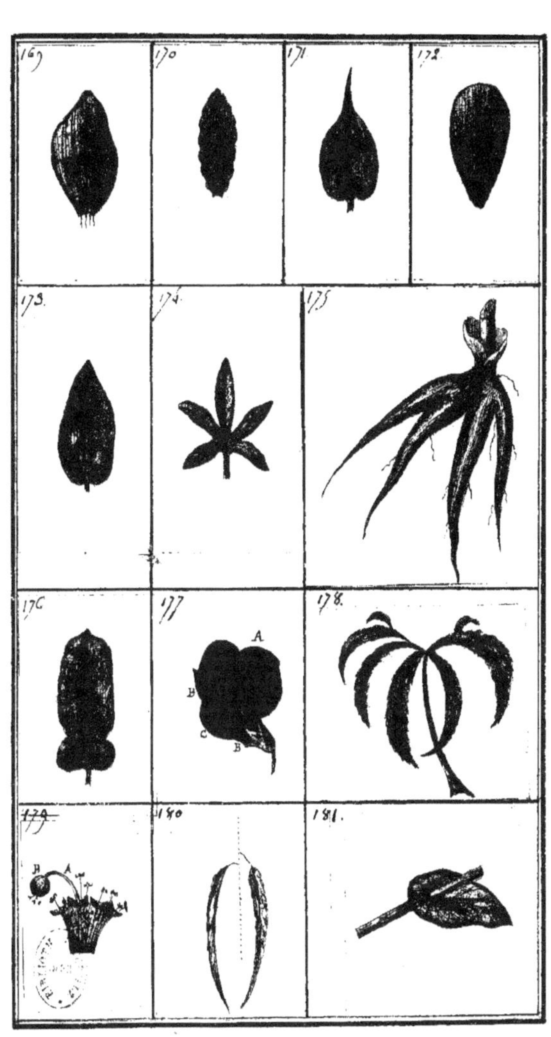

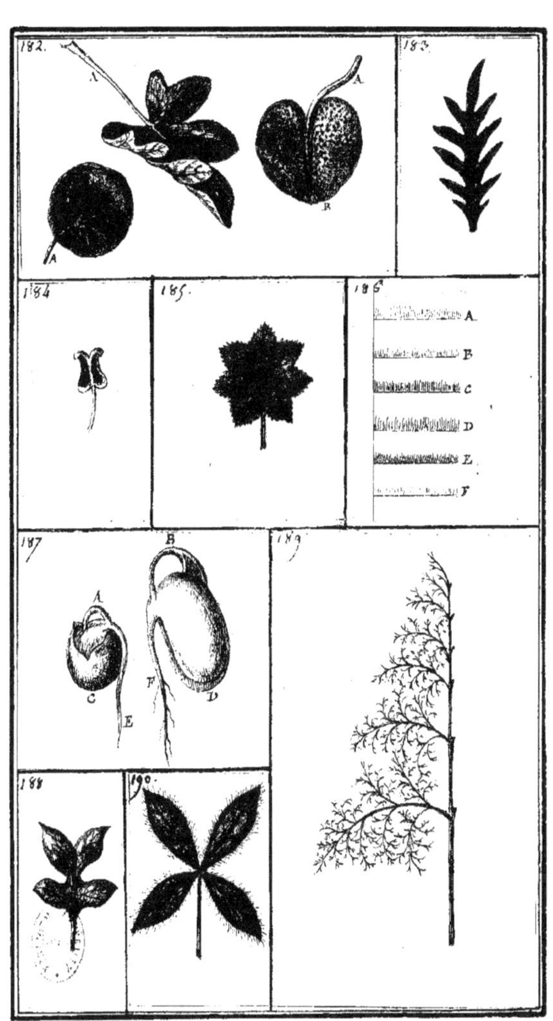

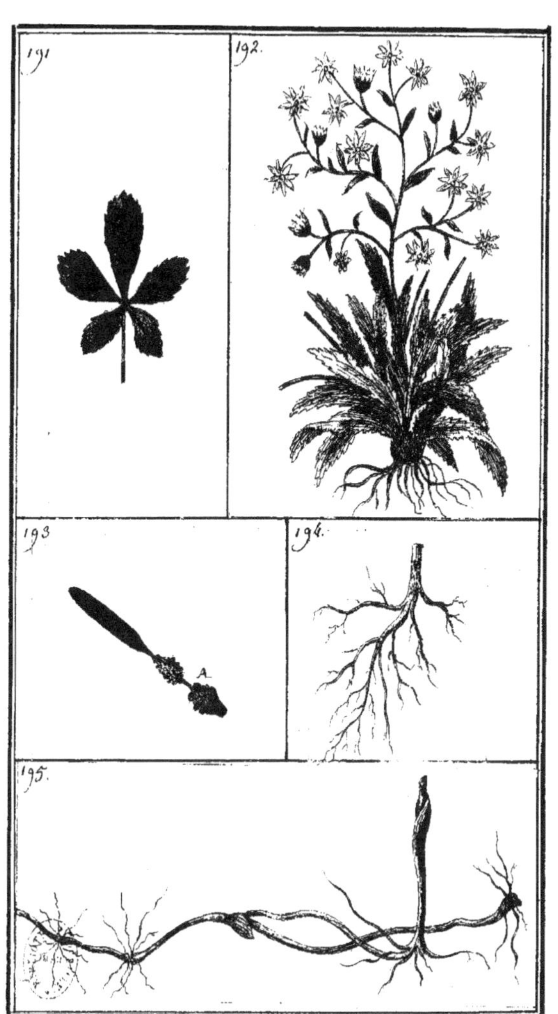

191
192
193
A.
194
195

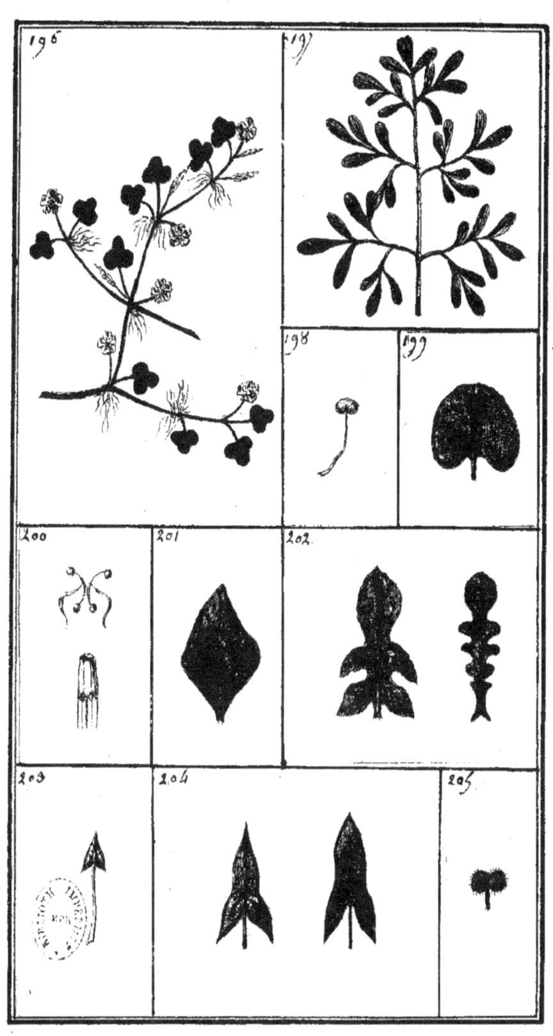

196
197
198
199
200
201
202
203
204
205

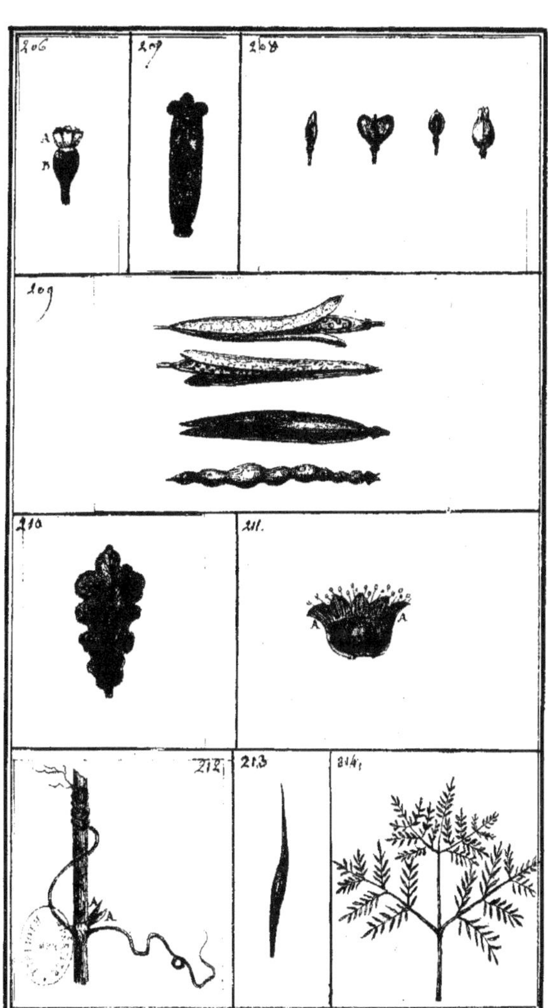

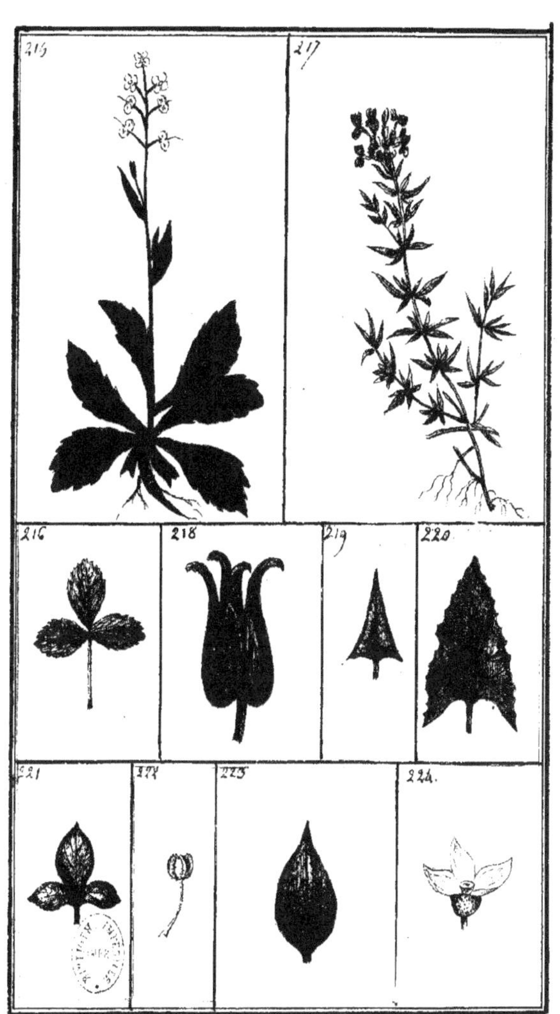

215
217
216
218
219
220
221
222
223
224

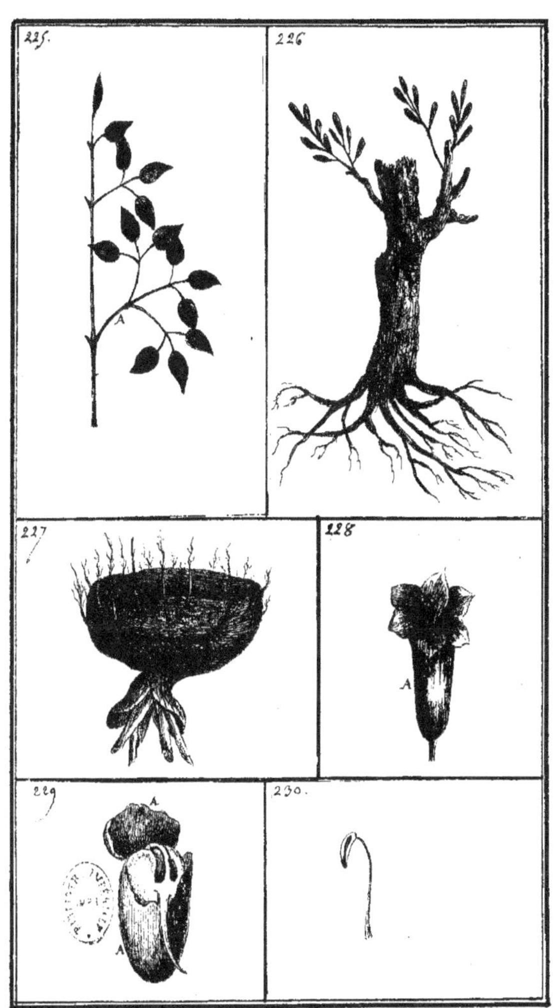

225.
226
227
228
229
230.
A
A
A
A

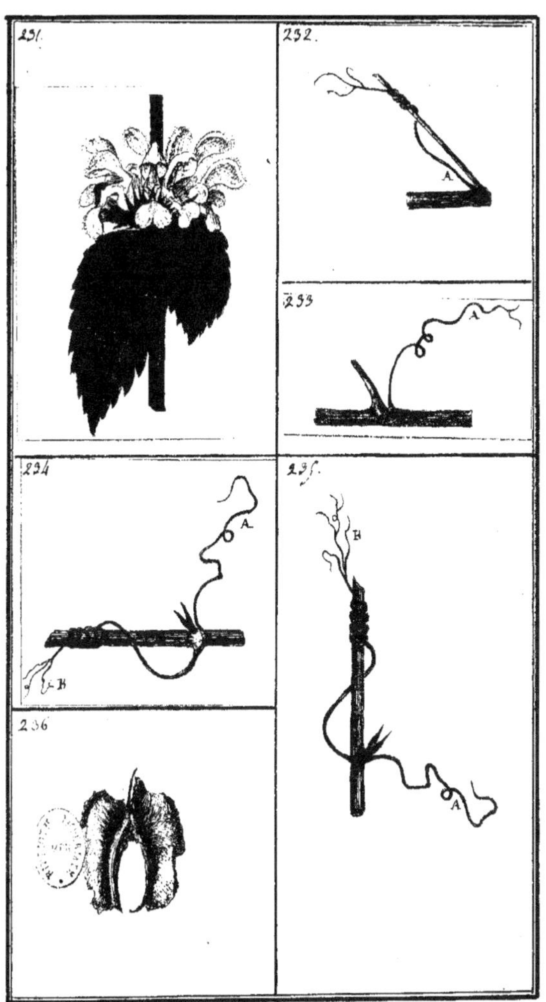

231.
232.
A
233
A
234
A
B
235
B
A
236